sekolah - məktəp	2
perjalanan - səyəxət	5
transportasi - transport	8
kota - şəhər	10
pemandangan - tirə-yün	14
restauran - restoran	17
supermarket - supermarket	20
minuman - eçemleklər	22
makanan - azıq	23
pertanian - çeftlek	27
rumah - yort	31
ruang tamu - qunaq bülməse	33
dapur - aş bülməse	35
kamar mandi - yuınu bülməse	38
kamar anak - bala bülməse	42
pakaian - kiyem	44
kantor - ofis	49
ekonomi - iqtisad	51
pekerjaan - hönərlər	53
alat - ələtlər	56
alat musik - muzıka alətləre	57
kebun binatang - xaywan baqçası	59
olahraga - sport törləre	62
aktivitas - itkenleklər	63
keluarga - ğailə	67
badan - tən	68
rumah sakit - xastaxanə	72
darurat - kiçektergesez xəl	76
bumi - Cir	77
jam - səğət	79
minggu - atna	80
tahun - yıl	81
bentuk - şəkellər	83
warna-warna - töslər	84
berlawanan - qapma-qarşılıqlar	85
angka-angka - sannar	88
bahasa-bahasa - tellər	90
siapa / apa / begaimana - kem / nərsə / niçek	91
dimana - qayda	92

Impressum
Verlag: BABADADA GmbH, Nedderfeld 112 , 22529 Hamburg
Geschäftsführer / Verlagsleitung: Harald Hof
Druck: Books on Demand GmbH, In de Tarpen 42, 22848 Norderstedt

Imprint
Publisher: BABADADA GmbH, Nedderfeld 112 , 22529 Hamburg, Germany
Managing Director / Publishing direction: Harald Hof
Print: Books on Demand GmbH, In de Tarpen 42, 22848 Norderstedt

sekolah
məktəp

- ruang kelas / sınıf bülməse
- membagi / bülü
- papan / taqta
- halaman sekolah / məktəp ixatası
- guru / uqıtuçı
- kertas / kəğəz
- menulis / yazarğa
- pena / qələm
- meja kerja / östəl
- penggaris / sızğıç
- buku / kitap
- murit / uquçı

tas sekolah
buqça

tempat pensil
qələmdan

pensil
qırandaş

pengasah pensil
qələm oçlağıç

penghapus
betergeç

kertas gambar
rəsem dəftərə

gambar — kuas — kotak cat
rəsem — pumala — buyawlar tartması

gunting — lem — buku latihan
qayçı — cilem — dəftər

pekerjaan rumah — angka — tambhakan
öy eşe — san — quşu

mengurangi — mengalikan — menghitung
alu — tapqırlaw — isəpləw

huruf — alfabet — kata
xəref — əlifba — süz

sekolah - məktəp

teks
tekst

membaca
uqırğa

kapur
aqbur

pelajaran
dəres

daftar
sıynıf jurnalı

ujian
imtixan

sertifikat
sertifikat

seragam sekolah
məktəp forması

pendidikan
məğərif

ensiklopedi
ensiklopediyə

universitas
universitə

mikroskop
mikroskop

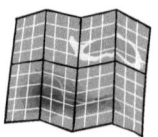
peta
xarita

tempat sampah
çüp qəğəz çiləge

sekolah - məktəp

perjalanan
səyəxət

hotel
qunaqxanə

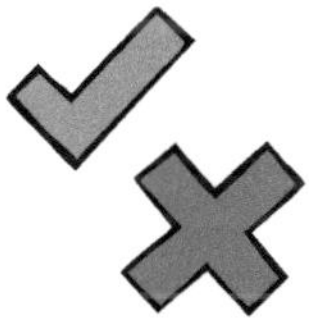

hostel
hostel

kantor pertukaran mata uang
valüta bürosı

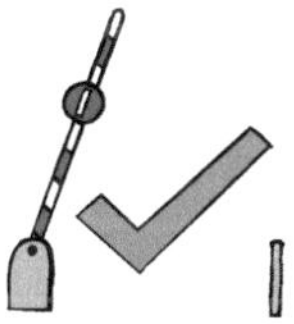

koper
baul

mobil
maşina

bahasa	ya / tidak	okay
tel	əye / yuq	yarar
hallo	penerjemah	terima kasih
isənmesez	tərceməçe	Rəxmət

perjalanan - səyəxət   5

Berapa harganya...?	saya tidak mengerti	masalah
... küpme tora?	min añlamıym	problem

Selamat malam!	Selamat siang!	Selamat tidur!
Xəyerle kiç!	Xəyerle irtə!	Tınıç yoqı!

sampai jumpa	arah	bagasi
saw bulığız	yünəleş	bagaj

tas	ransel	tamu
buqça	biştər	qunaq

ruang	kantong tidur	tenda
bülmə	yoqı qapçığı	çatır

perjalanan - səyəxət

  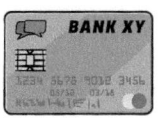

informasi wisata	pantai	kartu kredit
turist məğlüməte	qomsal	kredit kərte

sarapan	makan siang	makan malam
irtənge aş	töşlek	kiçke aş

tiket	elevator	perangko
bilet	lift	marka

perbatasan	cukai	kedutaan
çik	tamğaxanə	ilçelek

visa	paspor
viza	pasport

perjalanan - səyəxət

transportasi
transport

kapal terbang
oçqıç

perahu
kərap

mobil pemadam kebakaran
yanğın maşinası

bis
awtobus

truk
töyər

perahu motor
motorlı köymə

sepeda
səpid

mobil
maşina

feri
boram

perahu
köymə

sepeda motor
motosiklət

mobil polisi
polisə maşinası

mobil balapan
uzış maşinası

mobil sewa
kiralıq maşina

berbagi mobil
karşering

truk derek
tartuçı

truk sampah
çüp töyəre

motor
motor

bahan bakar
yağulıq

bensin
benzinlek

tanda lalulintas
trafik bilgese

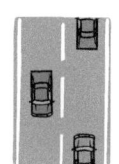
lalulintas
xərəkət

macet
böke

parkir mobil
parking

stasiun kereta
stansa

trek
rəy

kereta api
trən

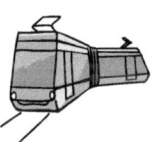
tram
tramway

gerobak
vagon

transportasi - transport

helikopter
boralaq

bendara
hawa alanı

menara
manara

penumpang
yulçı

container
konteyner

karton
alap

troli
yök arbası

keranjang
səbət

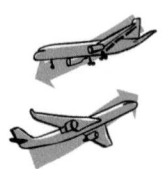
berangkat / mendarat
qalqu / töşü

kota
şəhər

desa
awıl

pusat kota
şəhər üzəge

rumah
yort

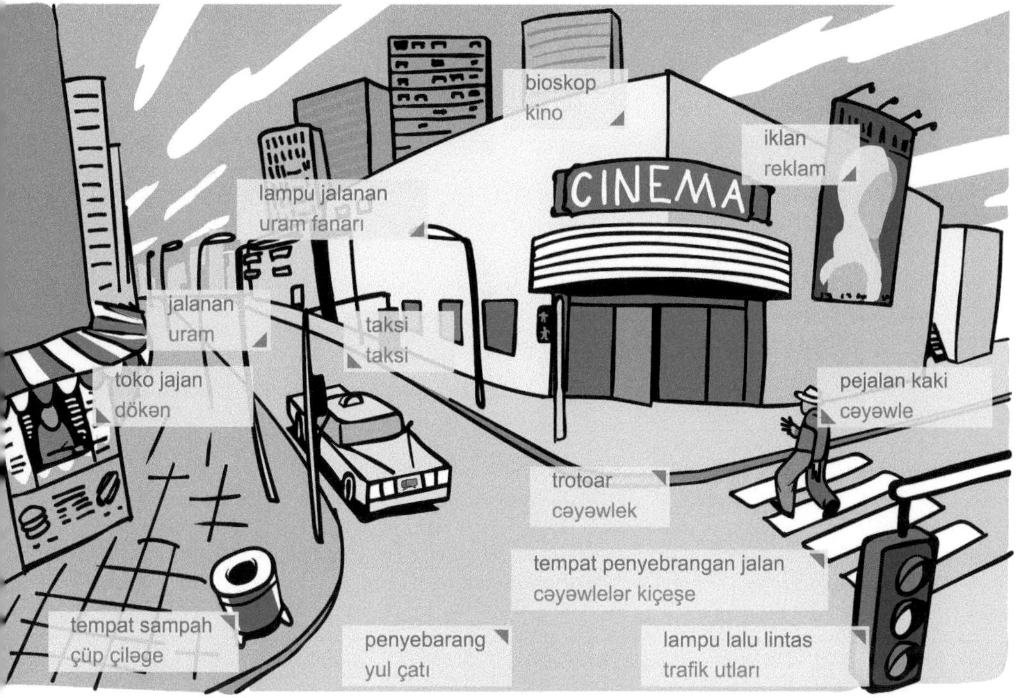

bioskop
kino

iklan
reklam

lampu jalanan
uram fanarı

jalanan
uram

taksi
taksi

toko jajan
dökən

pejalan kaki
cəyəwle

trotoar
cəyəwlek

tempat penyebrangan jalan
cəyəwlelər kiçeşe

tempat sampah
çüp çiləge

penyebarang
yul çatı

lampu lalu lintas
trafik utları

gubuk

alaçıq

rumah flat

fatir

stasiun kereta

stansa

balai kota

şəhər xakimiyəte

museum

yədkərxanə

sekolah

məktəp

kota - şəhər

universitas
universitə

bank
bank

rumah sakit
xastaxanə

hotel
qunaqxanə

farmasi
daruxanə

kantor
ofis

toko buku
kitap kibete

toko
kibet

toko bunga
çəçək kibete

supermarket
supermarket

pasar
bazar

toko serba ada
zur kibet

nelayan
balıq kibete

pusat belanja
səwdə üzəge

pelabuhan
liman

kota - şəhər

taman
park

banku
eskəmiyə

jembatan
küpər

tangga
basqıç

kereta bawah tanah
metro

terowongan
tunnel

pemberhantian bis
awtobus tuqtalışı

bar
bar

restauran
restoran

kotak surat
yamıl tartması

tanda jalan
uram bilgese

meteran parkir
parking sanağıçı

kebun binatang
xaywan baqçası

kolam renang
xəwezxanə

mesjid
məçet

kota - şəhər

pertanian
çeftlek

polusi
kerlelek

kuburan
zirat

gereja
çirkəw

tempat bermain
uyın alanı

pura
ğibädätxanä

pemandangan
tirə-yün

- daun / yafraq
- penunjuk arah / yul kürsətkeçe
- jalanan / yul
- padang rumput / bolın
- batu / taş
- pohon / ağaç
- pejalak kaki / yöreşçe
- sungai / yılğa
- rumput / ülən
- bunga / çəçək

lembah üzən	bukit qalqulıq	danau kül
	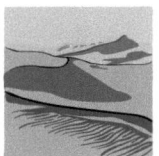	
hutan urman	padang gurun çül	gunung berapi yanartaw

istana nığıtma	pelangi salawat küpere	jamur gömbə

pohon palem palma	nyamuk çerki	lalat çeben

semut qırmısqa	lebah bal qortı	laba-laba ürməküç

pemandangan - tirə-yün

kumbang qoñğız	kodok baqa	tupai tiyen

landak kerpe	kelinci quyan	burung hantu yabalaq

burung qoş	angsa aqqoş	babi jantan qaban duñğızı

rusa bolan	rusa poşıy	bendungan tuan
	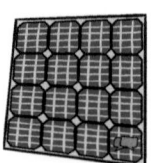	
turbin angin cir turbinı	panel surya qoyaş panele	iklim iqlim

pemandangan - tirə-yün

restauran
restoran

- pelayan / tabınçı
- daftar makanan / saylaq
- kursi / urındıq
- sup / aş
- pizza / pitsa
- peralatan makan / çəneçke-pıçaq taqımı
- taplak / aşyawlıq

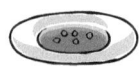

hindangan pembuka
qabımlıq

hidangan utama
töp aşamlıq

hidangan penutup
tatlı

minuman
eçemlekler

makanan
azıq

botol
şeşə

restauran - restoran

fastfood / fastfud

masakan jalanan / uram rızığı

teko teh / çəygün

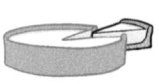

kaleng gula / şikər sawıtı

porsi / salım

mesin espresso / espresso maşını

kursi tinggi / biyek urındıq

tagihan / xisap

baki / töger

pisau / pıçaq

garpu / çəneçke

sendok / qaşıq

sendok teh / çəy qaşığı

serbet / tastımal

gelas / tustağan

restauran - restoran

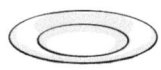
piring
tabaq

piring sup
aş tabağı

lepek
cəypək

saus
sous

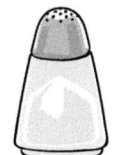
tempat garam
toz sawıtı

gilingan merica
borıç tegermənə

cuka
serkə

minyak
sıyıq may

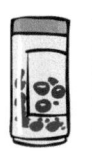
bumbu
təmlətkeç

saus tomat
ketçup

mustar
xərdəl

mayones
mayonez

restauran - restoran

supermarket
supermarket

penawaran khusus
maxsus təqdim

klien
satıp aluçılar

produk susu
söt eşlənmələrə

buah
cimeş

troli
kibet arbası

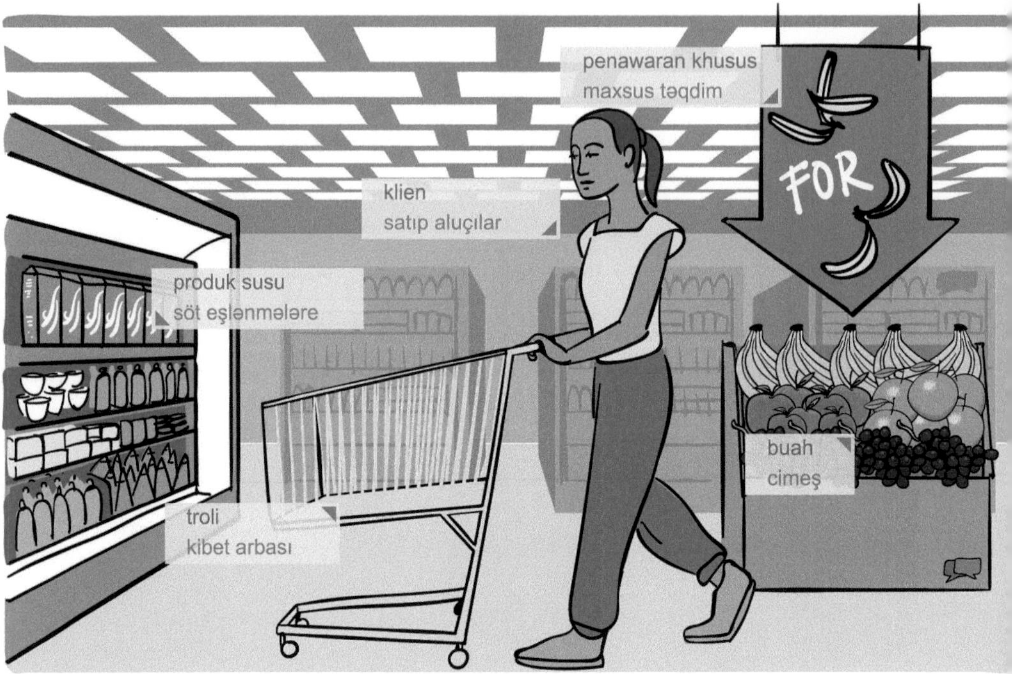

pembantai

it kibete

toko roti

ikməkxanə

menimbang

ülçəw

sayur

yəşelçə

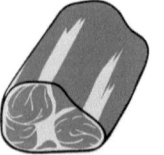

daging

it

makanan beku

tuñdırılğan aşamlıqlar

supermarket - supermarket

pemotongan dingin
suıq it

makanan kaleng
kənsirləngən aşamlıq

sabun serbuk
ker tuzı

permen
şikərləmələr

alat-alat rumah tangga
öy eşlənmələre

obat pembersihan
təmizlek eşlənmələre

penjual
satuçı

kasa
yazuçı kassa

kasir
kassir

daftar belanja
satıp alu isemlege

jam buka
eş waqıtı

dompet
qalta

kartu kredit
kredit kərte

tas
buqça

kantong plastik
plastik qapçıq

supermarket - supermarket

minuman
eçemleklər

air
su

jus
sut

susu
söt

cola
kola

anggur
şərəb

bir
sıra

alkohol
xəmer

coklat
kakao

teh
çəy

kopi
qəhwə

espresso
espresso

cappucino
kapuçino

makanan
azıq

pisang
banan

apel
alma

jeruk
əflisun

semangka
qarbız

jeruk lemon
limon

wortel
kişer

bawang putih
sarımsaq

bambu
bambu

bawang bombai
suğan

jamur
gömbə

kacang
çikləweklər

mi
toqmaç

spagetti
spagetti

nasi
döge

salat
salat

kentang goreng
çips

kentang goreng
qızdırılğan bərəñge

pizza
pitsa

hamburger
hamburger

sandwich
sandwiç

sayatan
kətlit

ham
ветчина

salami
salami

sosis
sosis

ayam
tawıq ite

menggoreng
qızdırma

ikan
balıq

makanan - azıq

bubur gandum
solı izməse

sereal
müsli

cornflakes
məkkəy keterdege

tepung
on

croissant
kruassan

roti
ipi tügərəge

roti
ikmək

toast
tost

biskuit
kətərməç

mentega
may

dadih
eremçek

kue
kəyk

telur
yomırqa

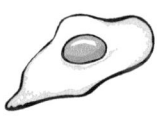

telur goreng
təbə

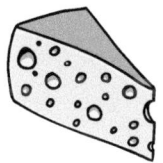

keju
pəynir

makanan - azıq

eskrim	gula	madu
tuñdırma	şikər	bal

selai	krim nugat	kare
qaynatma	şokolad izməse	karri

makanan - azıq

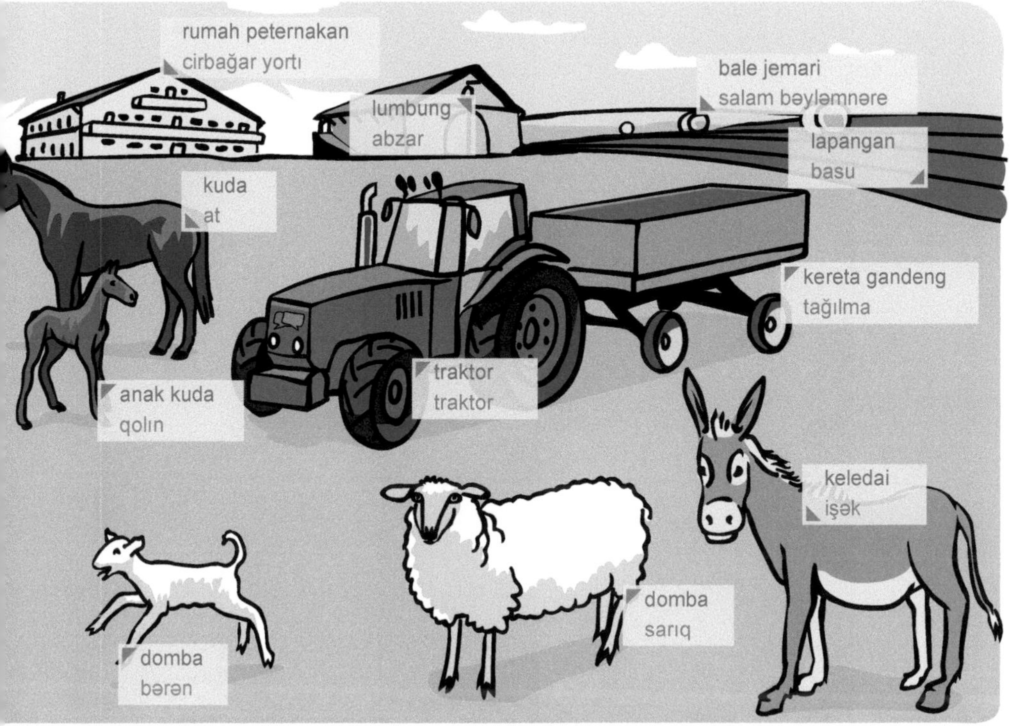

pertanian
çeftlek

rumah peternakan
cirbağar yortı

lumbung
abzar

bale jemari
salam bəyləmnərə

lapangan
basu

kuda
at

kereta gandeng
tağılma

anak kuda
qolın

traktor
traktor

keledai
işək

domba
sarıq

domba
bərən

kambing
kəcə

sapi
sıyır

betis
bozaw

babi
duñğız

celeng
duñğız balası

banteng
ügez

| angsa | bebek | anak ayam |
| qaz | ürdək | çebi |

| ayam | ayam jantan | tikus |
| tawıq | ətəç | küse |

| kucing | tikus | lembu |
| pesi | tıçqan | eş ügeze |

| anjing | rumah anjing | selang |
| et | et oyası | baqça xortumı |

| penyiram | sabit | bajak |
| susipkeç | çalğı | saban |

pertanian - çeftlek

sabit
uraq

cangkul
kitmən

garpu rumput
sənək

kapak
balta

gerobak
qul arbası

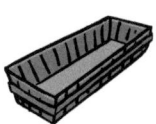
palung
tağaraq

kaleng susu
söt çiləge

karung
qapçıq

pagar
qoyma

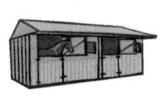
kandang
abzar

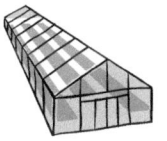
rumah kaca
essexanə

tanah
tufraq

benih
orlıq

pupuk
aşlama

mesin pemanen
kombayn

pertanian - çeftlek

panen
uñış cıyarğa

panen
uñış

yams
yam

gandum
boday

kedelai
soya

kentang
bərəñge

jagung
məkkəy

lobak
raps

pohon buah
cimeş ağaçı

singkong
manyok

sereal
börteklelər

pertanian - çeftlek

rumah
yort

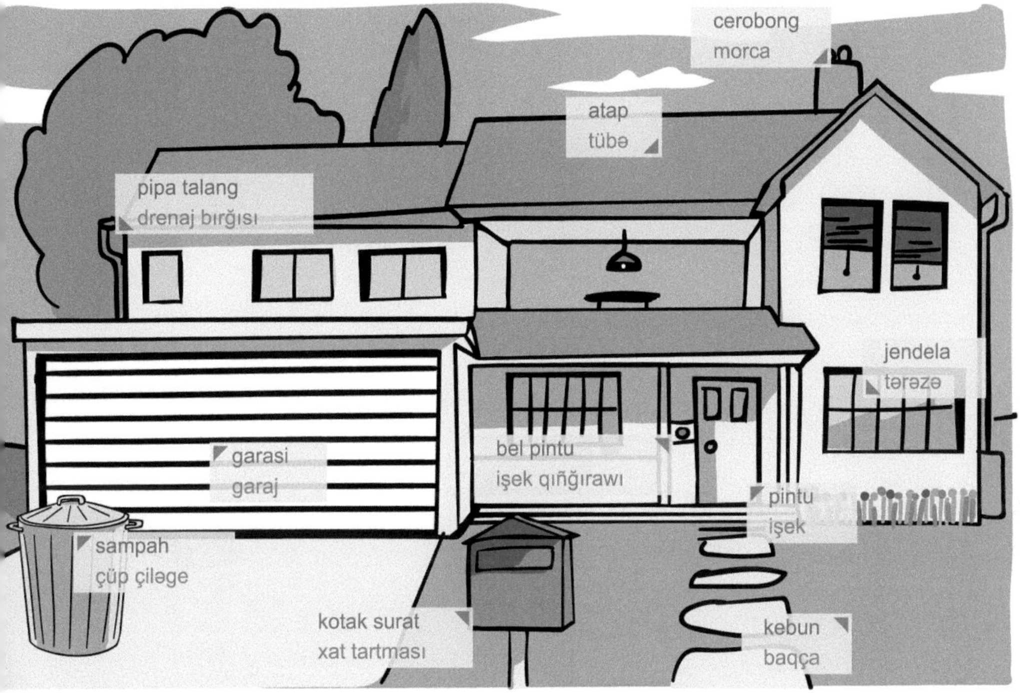

- cerobong / morca
- atap / tübə
- pipa talang / drenaj bırğısı
- jendela / tərəzə
- garasi / garaj
- bel pintu / işek qıñğırawı
- pintu / işek
- sampah / çüp çiləge
- kotak surat / xat tartması
- kebun / baqça

ruang tamu
qunaq bülməse

kamar mandi
yuınu bülməse

dapur
aş bülməse

kamar tidur
yataq bülməse

kamar anak
bala bülməse

kamar makan
aş bülməse

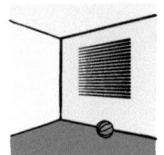

lantai
idän

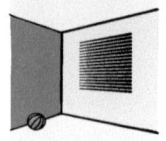

tembok
diwar

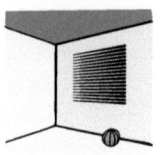

atap
tüşəm

gudang di bawah tanah
tülə

sauna
sawna

balkon
balkon

teras
teras

kolam renang
xəwez

mesin pemotong rumput
çirəmçapqıç

sprei
cəymə

selimut
yataq yapması

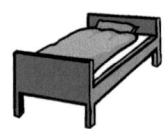

tempat tidur
yataq

sapu
seberke

ember
çilək

tombol
özgeç

rumah - yort

ruang tamu
qunaq bülməse

- kertas dinding / diwar kəğəze
- gambar / rəsem
- lampu / lampa
- rak / kiştə
- kabinet / dulap
- perapian / çual
- televisi / televiziyə
- bunga / çəçək
- bantal / mendər
- vas / nəlbək
- sofa / diwan
- remote control / yıraqtan boyırma

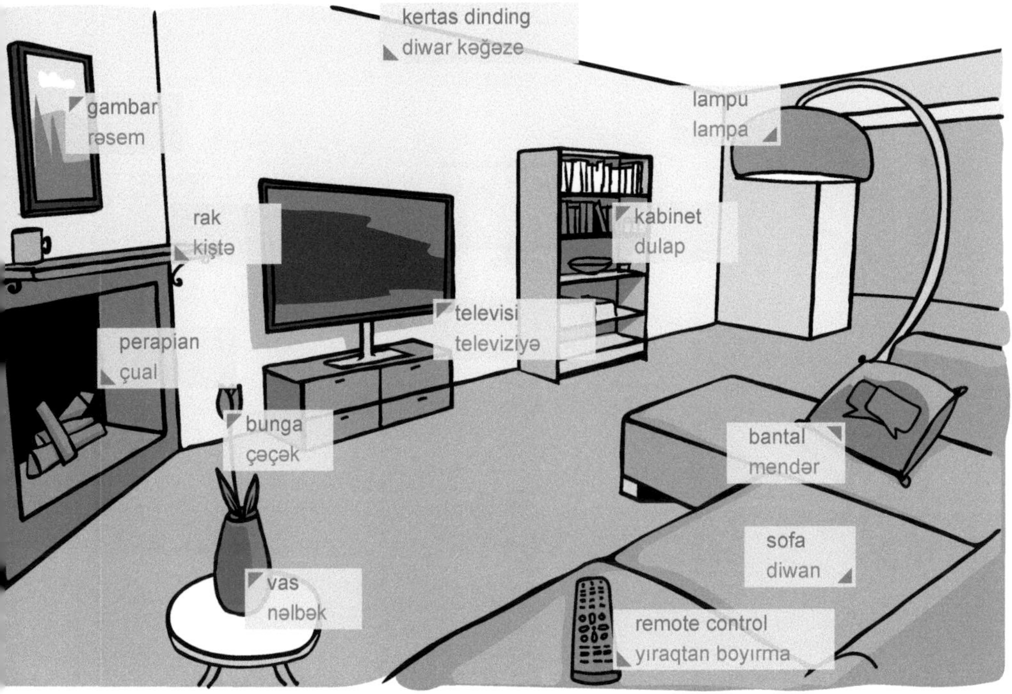

karpet
keləm

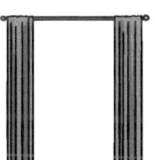

korden
pərdə

meja
östəl

kursi
urındıq

kursi goyang
tirbəlmə urındıq

kursi malas
kənəfi

ruang tamu - qunaq bülməse

buku
kitap

selimut
yapma

dekorasi
dekor

kayu bakar
utın

filem
film

hi-fi
hi-fi

kunci
açqıç

koran
gəcit

lukisan
sürət

poster
poster

radio
radio

buku tulis
quyın dəftərə

penyedot debu
tuzansuırğıç

kaktus
kaktus

lilin
şəm

ruang tamu - qunaq bülməse

dapur
aş bülməse

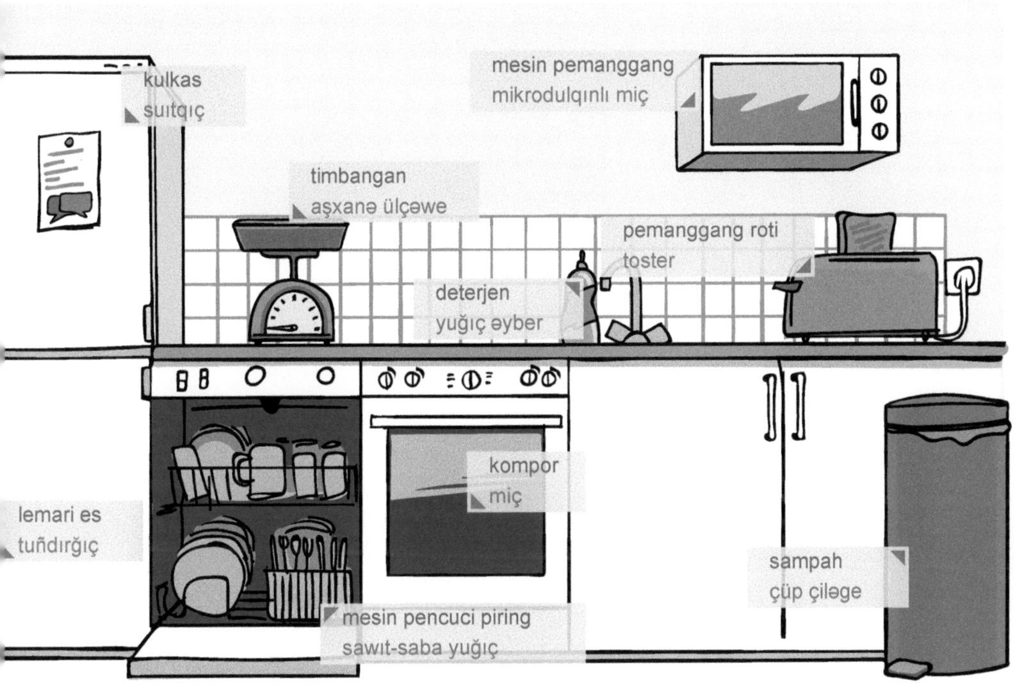

kulkas
suıtqıç

mesin pemanggang
mikrodulqınlı miç

timbangan
aşxanə ülçəwe

pemanggang roti
toster

deterjen
yuğıç əyber

kompor
miç

lemari es
tuñdırğıç

sampah
çüp çiləge

mesin pencuci piring
sawıt-saba yuğıç

kompor
əwsək

panci
sağan

panci besi
çuyın sağan

wajan
wok

panci
taba

pemanas air
çəygün

dapur - aş bülməse

panci pengukus makanan

bulı peşergeç

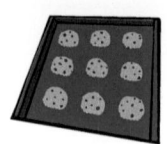

nampan

qalay

piring

sawıt-saba

cangkir

təgəç

mangkok

kəsə

sumpit

aşaw tayaqçıqları

sendok sup

ucaw

sudip

spatula

mengocok

tuğlağıç

saringan

sözgeç

saringan

ilək

parutan

qırğıç

mortir

kile

barbeque

barbekü

api terbuka

açıq uçaq

dapur - aş bülməse

papan memotong
taqta

gilingan
uqlaw

alat pembuka botol
böke suırğıç

kaleng
metal tartma

pembuka kaleng
kənsir açqıç

pegangan panci
miç biyələye

wastafel
kirşən

sikat
fırça

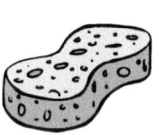
busa
bolıt

mesin pencampur
blender

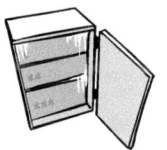
lemari es
tirən tuñdırğıç

botol bayi
imezlekle şeşə

keran
çömək

dapur - aş bülməse

37

kamar mandi
yuınu bülməse

- mesin pemanas cılıtu
- mandi duş
- handuk sölge
- tirai kamar mandi duş pərdəse
- mandi busa kübekle vanna
- bak mandi vanna
- gelas tustağan
- mesin cuci ker yuğıç
- keran çömək
- ubin fayans
- pispot lazemlek
- wastafel kirşən

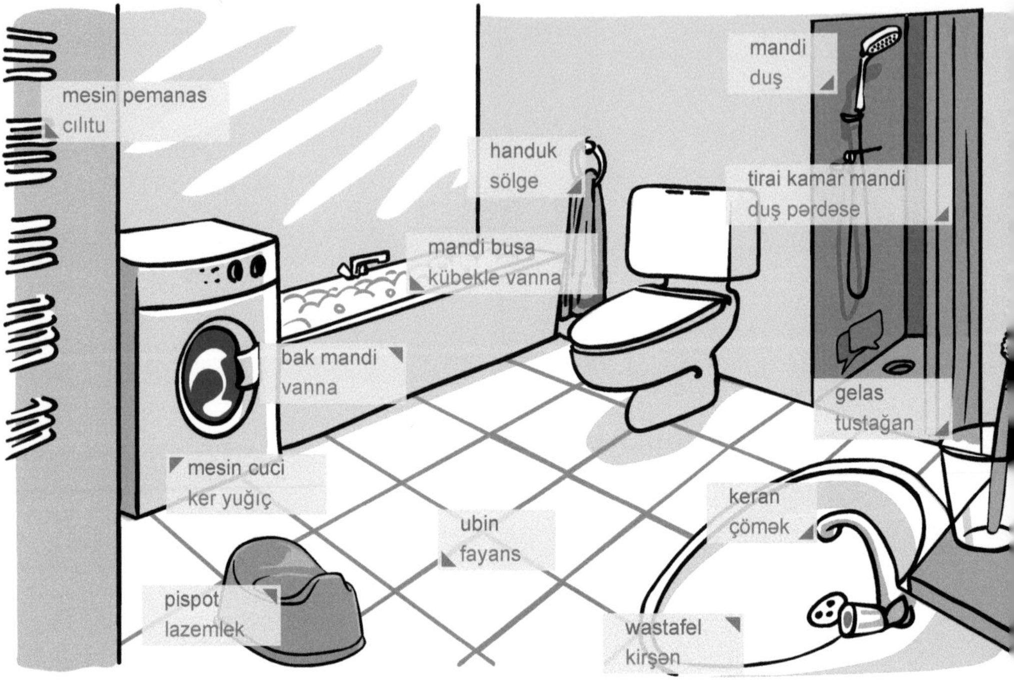

toilet
bədrəf

toilet jongkok
törekçə bədrəf

bidet
bide

pissoir
pissuar

kertas toilet
bədrəf kəğəze

sikat toilet
bədrəf fırçası

kamar mandi - yuınu bülməse

sikat gigi
teş fırçası

pasta gigi
teş məğcüne

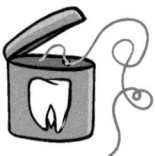

benang gigi
teş cebe

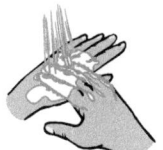

menyuci
yuarğa

pancuran tangan
duş başlığı

pancuran
duş

bak
kirşən

sikat punggung
arqa fırçası

sabun
sabın

gel mandi
duş señəle

sampo
şampun

planel
munçala

kuras
ağım

krim
krem

deodoran
dezodorant

kamar mandi - yuınu bülməse

kaca
közge

cermin tangan
qul közgese

pisau cukur
östərə

busa cukur
qırınu kübege

aftershave
qırınu losyonı

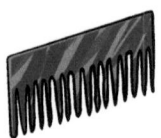
sisir
taraq

sikat
fırça

alat pengering rambut
fön

semprot rambut
çəç sprəye

makeup
makiyaj

lipstik
iren innege

cat kuku
tırnaq cələse

kapas
mamıq

gunting kuku
tırnaq qayçısı

minyak wangi
xuşbuy

kamar mandi - yuınu bülməse

| kantong pencuci | bangku | timbangan |
| makiyaj buqçası | utırğıç | ülçəw |

| mantel mandi | sarung tangan karet | tampon |
| çoba | rezin iləsə | tampon |

 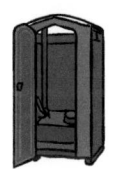

| handuk pembalut | toilet kimia |
| higiyenik pəd | kimiyəwi bədrəf |

kamar mandi - yuınu bülməse

kamar anak
bala bülməse

jam alarm
uyatqıç səğət

boneka tidur
yomşaq uyınçıq

mobil-mobilan
uyınçıq maşina

rumah boneka
qurçaq yortı

kado
bülək

kelintung
şaltırawıq

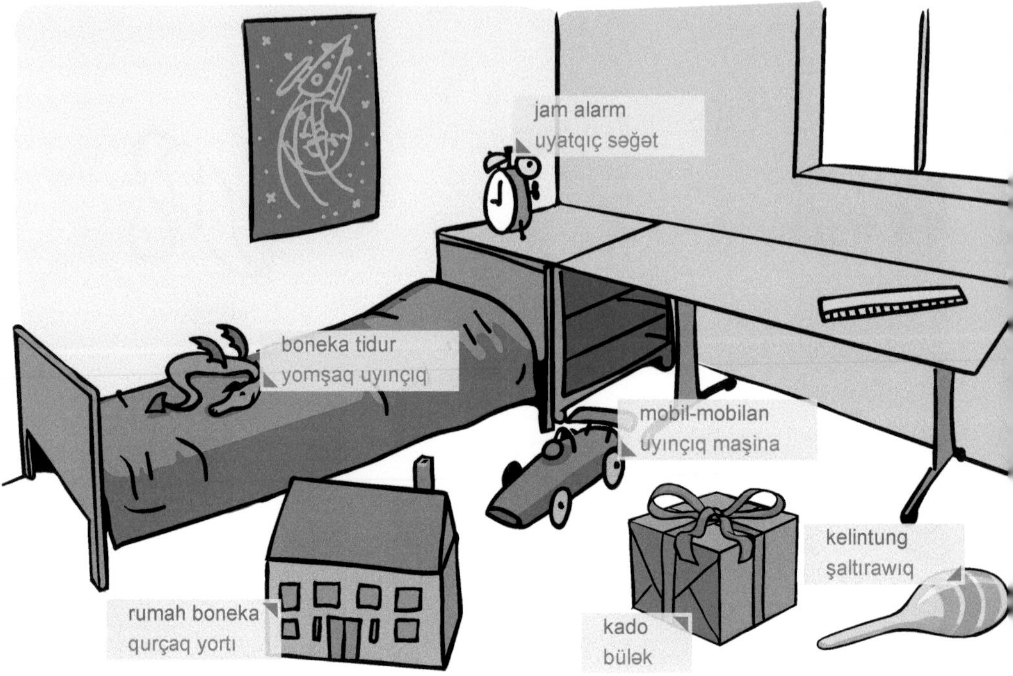

balon
hawa şarı

tempat tidur
yataq

kereta bayi
bəbi arbası

mainan kartu
kərt dəstəsə

teka-teki
pazl

komik
komiks

kamar anak - bala bülməse

mainan lego
lego kirpeçlәre

blok mainan
şaqmaqlar

figur aksi
uyın sınçığı

baju monyet
zıbın

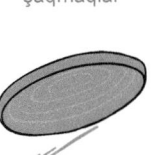
frisbee
frisbi

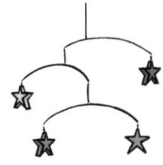
mobile
mobil

permainan papan
östәl uyını

dadu
uyın taşı

set model kreta api
trәn modele cıyılması

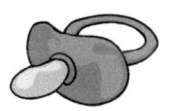
dot
imezlek

pesta
kiçә

buku gambar
rәsemle kitap

bola
tup

boneka
qurçaq

bermain
uynarğa

kamar anak - bala bülmәse

tempat main pasir
qomlıq

ayunan
tağan

mainan
uyınçıqlar

video game konsol
uyın quşması

sepeda roda tiga
öç köpçəkle səpid

teddy
uyınçıq ayu

lemari pakaian
kiyem dulabı

pakaian
kiyem

kaos kaki
oyıqbaş

kaos kaki
oyıq

baju ketat
oyığıştan

44 pakaian - kiyem

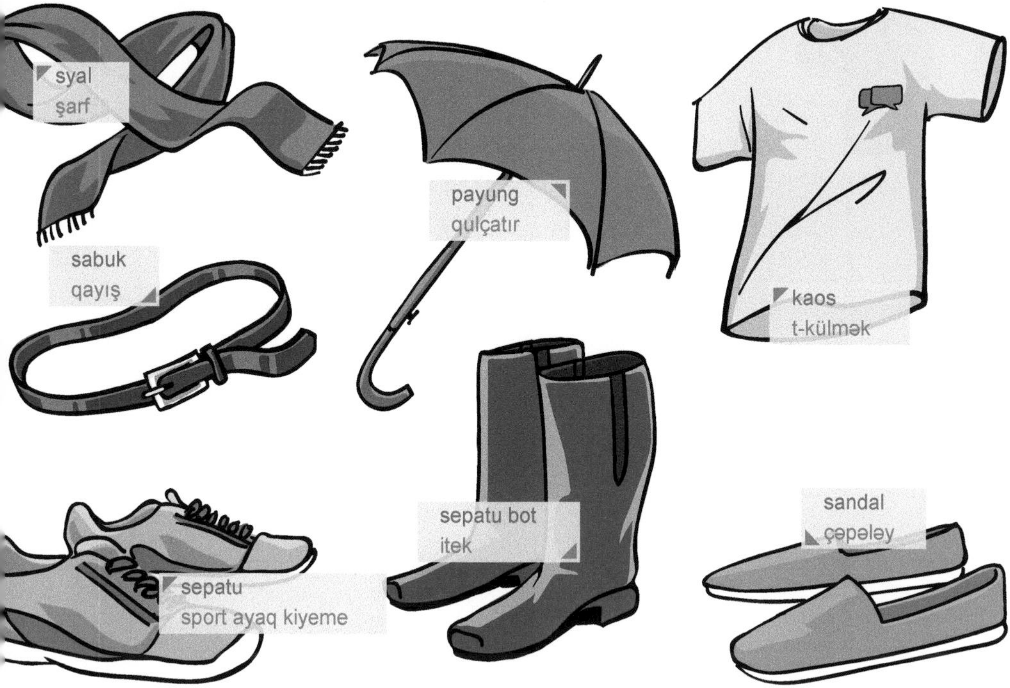

syal
şarf

payung
qulçatır

kaos
t-külmək

sabuk
qayış

sepatu bot
itek

sandal
çəpələy

sepatu
sport ayaq kiyeme

sandal
sandallar

sepatu
ayaq kiyeme

sepatu bot karet
rezin itek

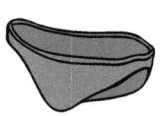

celana dalam
tənban

BH
tüşti

baju rompi
cələk

pakaian - kiyem

body
bodi

celana
çalbar

jeans
jins

rok
itək

blus
bluz

kemeja
külmək

aket berkerudung
sviter

sweater
hudi

jaket
bleyzer

jaket
jaket

mantel
bişmət

jas hujan
yañğırlıq

kostum
kəçtüm

gaun
külmək

gaun pengantin
tuy külməge

setelan resmi taqım kiyem	gaun tidur tönge külmək	piyama pijama

sari sari	jilbab yawlıq	turban çalma

burka burqa	kaftan çapan	abaya abaya

pakaian renang qoyınu kiyeme	celana renang yözü tənbanı	celana pendek şort

olah raga sport kiyeme	celemek alyapqıç	sarung tangan iləsə

pakaian - kiyem

kancing
töymə

kacamata
küzlek

gelang
beləzek

kalung
muyınsa

cincin
baldaq

anting
alqa

topi
kəpəç

gantungan mantel
elgeç

topi
eşləpə

dasi
muyınbaw

ritsleting
zıncır

helm
oçlam

tali selempang
çalbar asması

seragam sekolah
məktəp forması

seragam
forma

pakaian - kiyem

oto
balalar kükrəkçəse

dot
imezlek

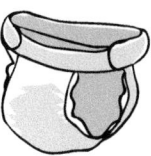
popok
küzələ

kantor
ofis

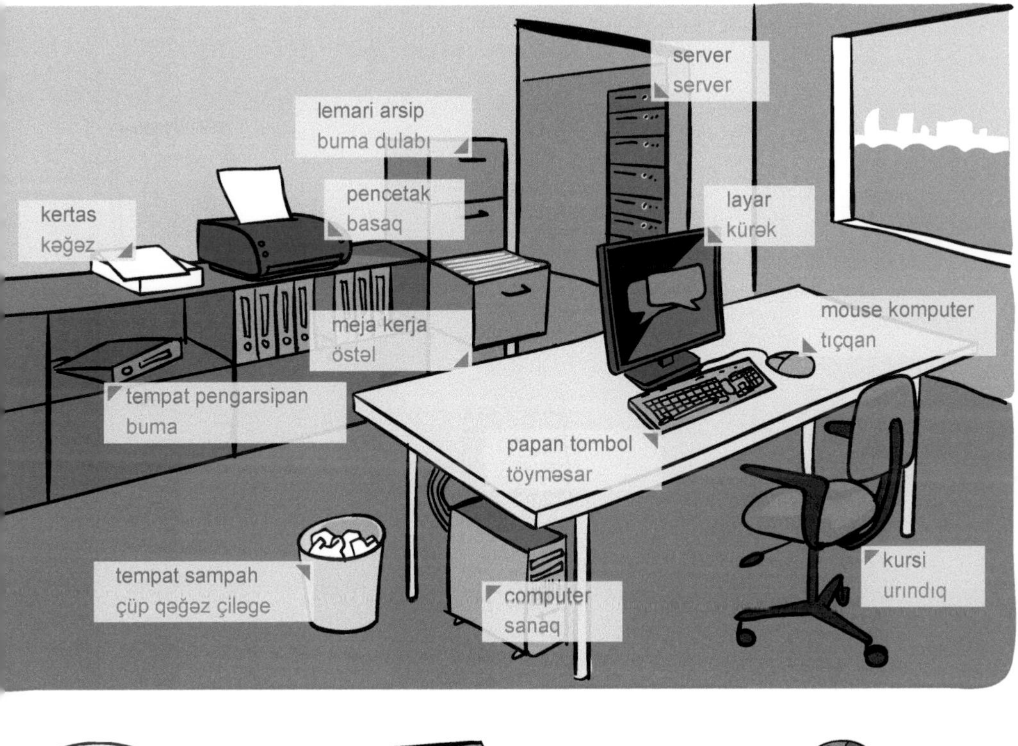

- server / server
- lemari arsip / buma dulabı
- pencetak / basaq
- kertas / kəğəz
- layar / kürək
- meja kerja / östəl
- mouse komputer / tıçqan
- tempat pengarsipan buma
- papan tombol / töyməsar
- tempat sampah / çüp qəğəz çiləge
- computer / sanaq
- kursi / urındıq

cangkir kopi
qəhwə təgəçe

kalkulator
sansanar

internet
internet

laptop	surat	pesan
ləptop	xat	xəbər

telepon seluler	jaringan	fotokopi
kesə telefonı	çeltər	fotokopyaçı

software	telepon	plug soket
program təminatı	telefon	ayırğıç

 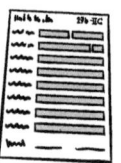 

mesin fax	formulir	dokumen
faks	form	dokument

kantor - ofis

ekonomi
iqtisad

membeli
satıp alırğa

membayar
tülərgə

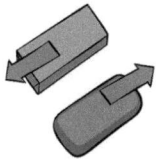
berdagang
səwdə itərgə

uang
aqça

Dollar
dollar

Euro
euro

Yen
yen

Rubel
sum

Franc Swiss
frank

Renminbi Yuan
yuan

Rupiah
rupi

ATM
bankomat

kantor pertukaran mata uang

valüta bürosı

emas

altın

perak

kömeş

minyak

qaramay

energi

energiyə

harga

bəyə

kontrak

kontrakt

pajak

salım

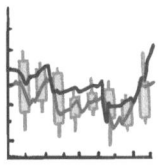

saham

stok

bekerja

eşlərgə

karyawan

eşçe

majikan

eş birüçe

pabrik

fabrika

toko

kibet

ekonomi - iqtisad

pekerjaan
hönərlər

petugas polisi
polisə xezmətkəre

pemadam kebakaran
yangın sünderüçe

pemasak
aşçı

dokter
tabib

pilot
oçuçı

tukan kebun
baqçaçı

tukang kayu
ağaç ostası

penjahit wanita
tegüçe

hakim
xökemçe

ahli kimia
kimiyəçe

aktor
aktor

pekerjaan - hönərlər

| sopir bis | sopir taksi | nelayan |
| awtobus yörtüçe | taksiçe | balıqçı |

| pembantu | tukang atap | pelayan |
| cıyıştıruçı xatın | tübə yabuçı | tabınçı |

| pemburu | pelukis | tukang roti |
| awçı | rəssam | ikməkçe |

| tukang listrik | pembangun | insinyur |
| elektrçı | tözüçe | möhəndis |

| tukang daging | tukang ledeng | tukang pos |
| itçe | çöməkçe | yamılçı |

pekerjaan - hönərlər

tentara
ğəskəri

arsitek
miğmar

kasir
kassir

penjual bunga
çəçəkçe

penata rambut
çəçtaraş

konduktor
konduktor

montir
mekanik

kapten
kapitan

dokter gigi
teş tabibı

ilmuwan
ğalim

rabbi
rabbi

imam
imam

biarawan
kəşiş

pendeta
ruxani

alat
ələtlər

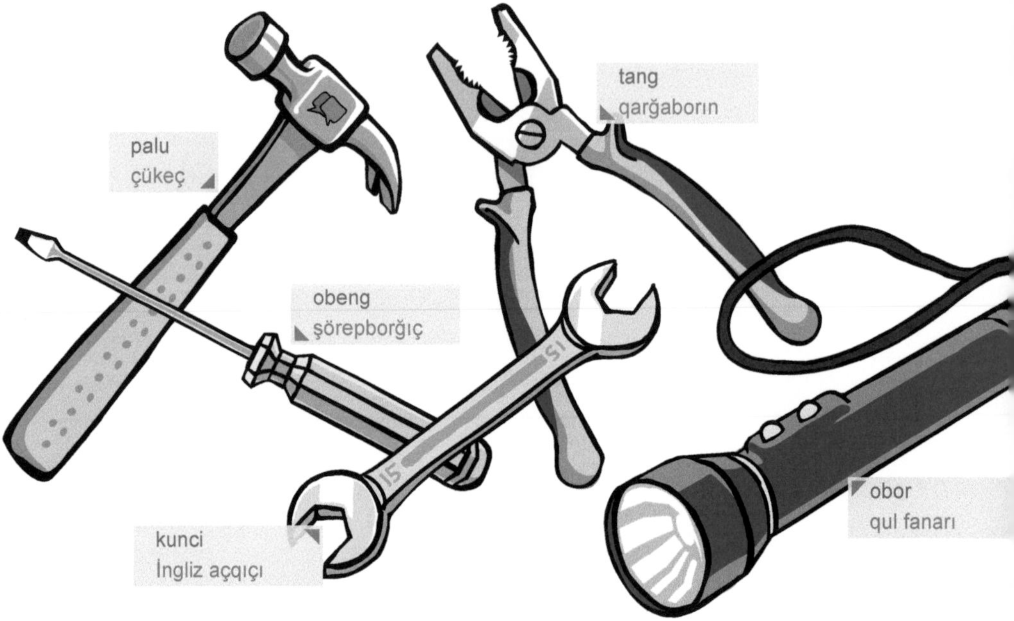

palu
çükeç

tang
qarğaborın

obeng
şörepborğıç

kunci
İngliz açqıçı

obor
qul fanarı

penggali

qazu maşinası

tas perkakas

ələt buqçası

tangga

basqıç

gergaji

pıçqı

paku

qadaqlar

bor

dril

perbaikan
tözətergə

sekop
körək

Sialan!
Şaytan alğırı!

cikrak
sosqı

pot cat
buyaw sawıtı

sekrup
mıqlar

alat musik
muzıka alətlərе

bas
kontrabas

alat drum
dawılbaz taqımı

pengeras suara
tawış köçəytkeç

gitar
gitar

trompet
bırğı

alat musik - muzıka alətlərе

piano	violin	bass
piano	kəmən	bas gitar
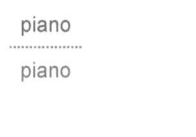		
tambur	drum	keyboard
timpani	dawılbaz	töyməsar

saksofon	suling	mikrofon
saksofon	flüt	mikrofon

alat musik - muzıka alətlərə

kebun binatang
xaywan baqçası

hewan
xaywannar

gajah
fil

kanguru
köngerə

badak
kərkədən

gorila
gorilla

beruang
ayu

unta
döyə

burung unta
təwə qoşı

singa
arıslan

monyet
maymıl

flamingo
flamingo

burung beo
tutıy qoş

beruang polar
aq ayu

penguin
pingwin

hiu
küpek balığı

merak
tawis

ular
yılan

buaya
timsax

penjaga kebun binatang
xaywan baqçası xezmətkəre

segel
suete

jaguar
yaguar

kebun binatang - xaywan baqçası

kuda poni
poni

macan tutul
qaplan

kuda nil
su ayğırı

jerapah
zörəfə

burung elang
börket

babi jantan
qaban duñğızı

ikan
balıq

kura-kura
taşbaqa

anjing laut
morşa

rubah
tölke

kijang
ğəzəl

kebun binatang - xaywan baqçası

olahraga
sport törlərə

62 olahraga - sport törlərə

aktivitas
itkenleklər

- ketawa / kölərgə
- meloncat / sikerergə
- memeluk / qoçaqlarğa
- menyanyi / cırlarğa
- berjalan / yörergə
- berdoa / ğibədət qılırğa
- mencium / übərgə
- mengimpi / xıyallanırğa

menulis
yazarğa

melukis
rəsem yasarğa

menunjuk
kürsətergə

mendorong
etərgə

memberikan
birergə

mengambil
alırğa

mempunyai
iyə bulırğa

melakukan
eşlərgə

adalah
bulırğa

berdiri
basıp torırğa

berlari
yögerergə

menarik
tartırğa

melempar
taşlarğa

jatuh
yığılırğa

tidur
yatarğa

menunggu
kötərgə

membawa
taşırğa

duduk
utırırğa

berpakaian
kiyenergə

tidur
yoqlarğa

bangun
uyanırğa

aktivitas - itkenleklər

melihat
qararğa

menangis
yılarğa

mengelus
sıyparğa

menyisir
tararğa

berbicara
söyləşergə

mengerti
añlarğa

menanyak
sorarğa

mendengar
tıñlarğa

minum
eçərgə

makan
aşarğa

merapikan
cıyıştırınırğa

cinta
söyərgə

memasak
peşerergä

menyetir
sörergə

terbang
oçarğa

aktivitas - itkenleklər

berlayar
diñgezgə açılu

menghitung
isəpləw

membaca
uqırğa

belajar
öyrənergə

bekerja
eşlərgə

menikah
öylənergə

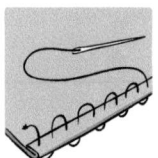
menjahit
tegərgə

sikat gigi
teş fırçalarğa

membunuh
üterergə

merokok
təməke tartırğa

kirim
cibərergə

aktivitas - itkenleklər

keluarga
ğailə

nenek / əbi
kakek / babay
bapak / ata
ibu / ana
bayi / sabıy
putri / qız
putra / ul

tamu
qunaq

bibi
apa

paman
abıy

kakak laki
abıy / ene

kakak perempuan
apa / señel

keluarga - ğailə

badan
tən

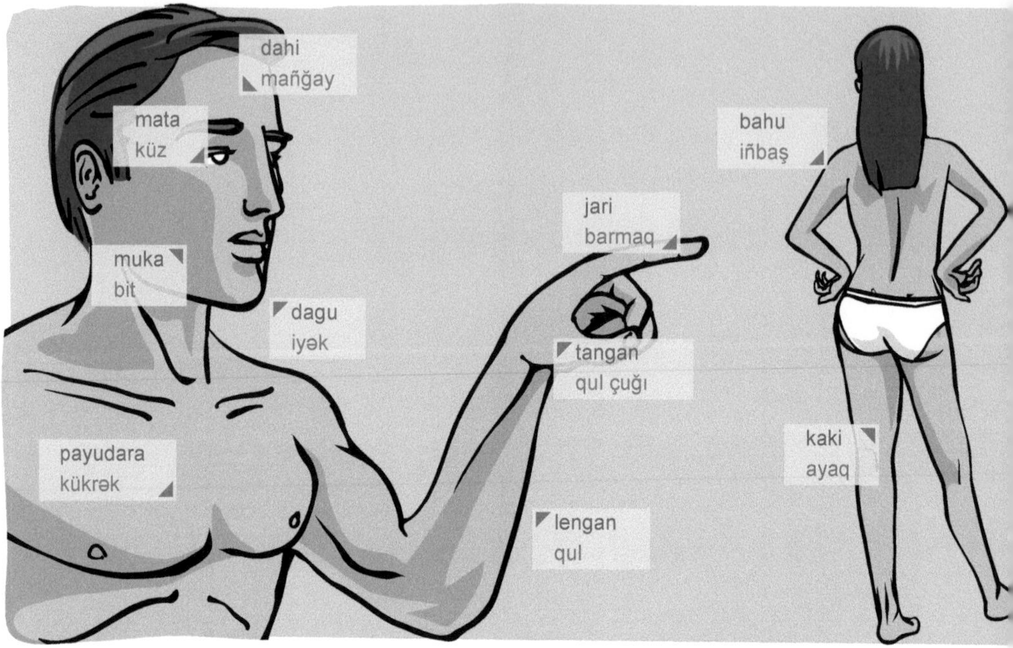

dahi
mañğay

mata
küz

bahu
iñbaş

jari
barmaq

muka
bit

dagu
iyək

tangan
qul çuğı

payudara
kükrək

kaki
ayaq

lengan
qul

bayi

sabıy

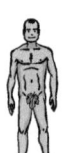

pria

ir

wanita

xatın

perempuan

qız

laki

malay

kepala

baş

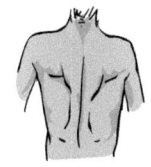

punggung
arqa

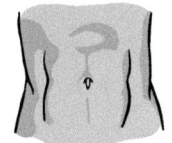

perut
eç

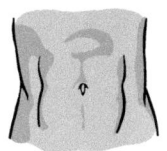

pusar
kendek

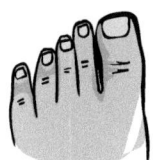

toe
ayaq barmağı

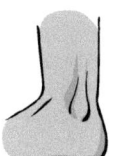

tumit
ükçə

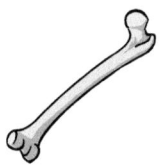

tulang
söyək

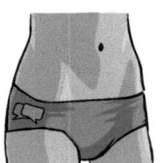

pinggang
bot

lutut
tez

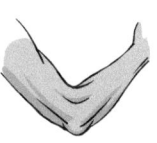

siku
tersək

hidung
borın

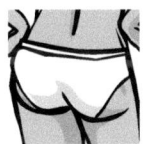

pantat
art san

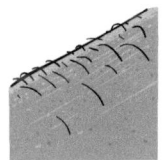

kulit
tire

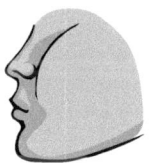

pipi
yañaq

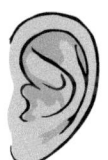

telinga
qolaq

bibir
iren

badan - tən

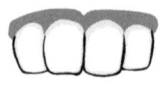

mulut / awız

gigi / teş

lidah / tel

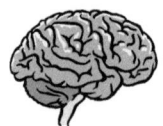

otak / mi

jantung / yörək

otot / ğəzlə

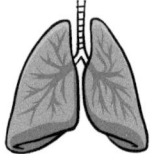

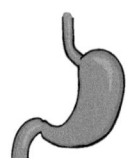

paru-paru / üpkə

hati / bawır

stomach / aşqazanı

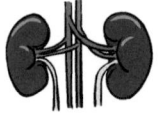

ginjal / böyerlər

hubungan seks / seks

kondom / prezervativ

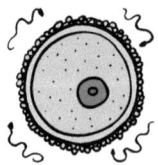

sel telur / kükəy küzənək

sperma / məni

kehamilan / kömən

badan - tən

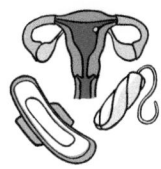  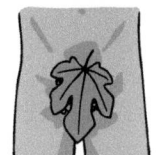

menstruasi	vagina	penis
kürem	vagina	penis

alis	rambut	leher
qaş	çəçlər	muyın

badan - tən

rumah sakit
xastaxanə

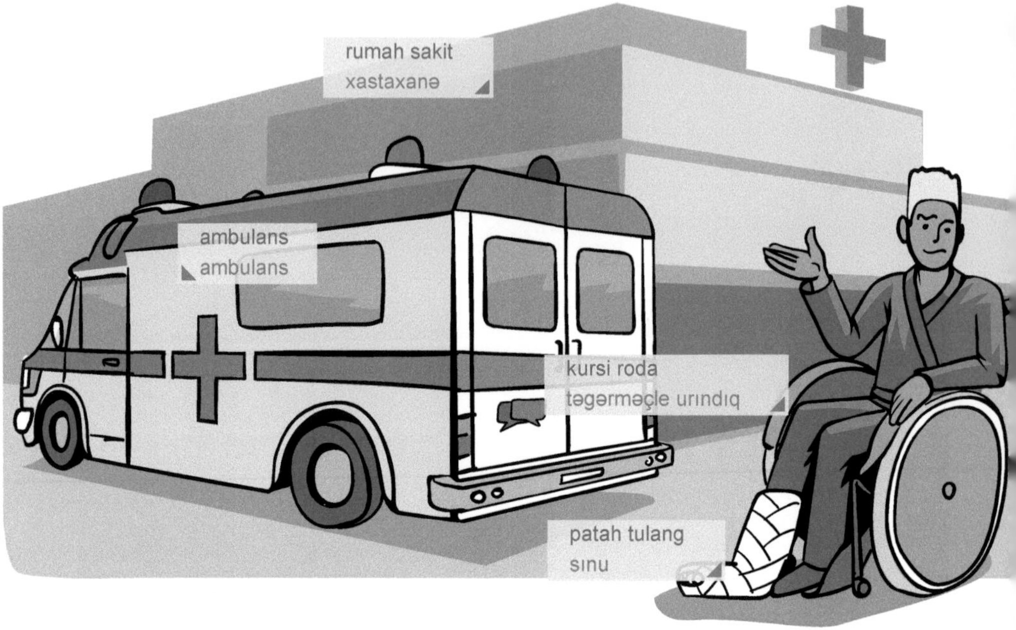

rumah sakit
xastaxanə

ambulans
ambulans

kursi roda
təgərməçle urındıq

patah tulang
sınu

dokter
tabib

ruang darurat
aşığıç yərdəm bülməse

perawat
şəfqət tutaşı

darurat
kiçektergesez xəl

semaput
añsız

sakit
awırtu

cedera
cərəxətlənü

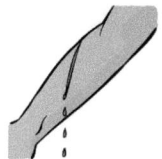

perdarahan
qan ağu

serangan jantung
infarkt

stroke
insult

alergi
allergiyə

batuk
yütəl

demam
qızu

flu
grip

diare
eç kitü

sakit kepala
baş awırtu

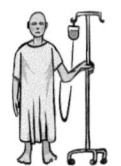

kanker
yaman şeş

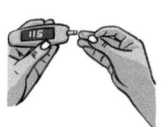

diabetes
diabet

ahli bedah
xirurg

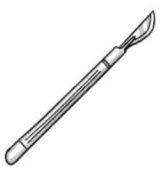

pisau bedah
skalpel

operasi
ğəməliyət

rumah sakit - xastaxanə

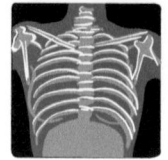
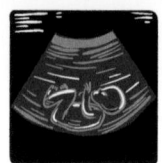

CT / ST   sinar x / röntgen   usg / ultratawış

topeng / bitlek   penyakit / awıru   ruang tunggu / kötü bülməse

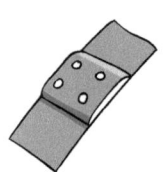

penyokong / qultıq tayağı   plester / plaster   perban / bəyləweç

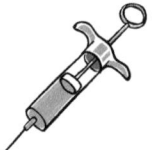
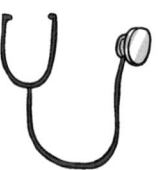
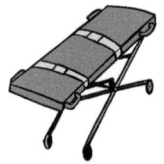

injeksi / qadaw   stetoskop / stetoskop   usungan / sədiyə

termometer klinis / klinik termometr   kelahiran / tuu   kelebihan berat badan / artıq awırlıq

rumah sakit - xastaxanə

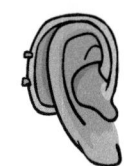  

alat pendengar   desinfektan   infeksi
işetü cihazı   dezinfektant   yoğış

virus   HIV / AIDS   obat
virus   KİV / BİDS   daru

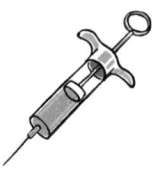 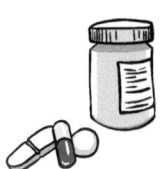 

vaksinasi   tablet   pil
vaksinalanu   tabletlər   kontraseptiv tablet

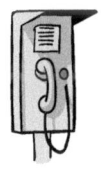  

panggilan darurat   ukur tekanan darah   sakit / sehat
aşığıç çaqıru   qan basımı ülçəgeçe   awıru / sələmət

rumah sakit - xastaxanə

darurat
kiçektergesez xəl

Tolong! / Qotqarığız!

alarm / xəwef tawışı

penyerbuan / höcüm

serangan / höcüm

bahaya / qurqınıç

pintu darurat / aşığıç çığu

Api! / Yanğın!

alat pemadam kebakaran / ut sündergeç

kecelakaan / qaza

kit pertolongan pertama / berençe yərdəm buqçası

SOS / SOS

polisi / polisə

bumi
Cir

Eropa

Awrupa

Amerika Utara

Tönyaq Amerika

Amerika Selatan

Könyaq Amerika

Afrika

Afrika

Asia

Asya

Australi

Awstralya

Atlantik

Atlantik okean

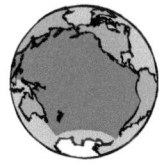

Pasifik

Tın okean

Samudra India

Hind okeanı

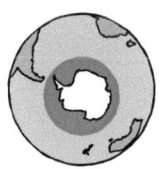

Samudra Antartika

Antarktik okean

Samudra Arktik

Arktik okean

kutub utara

Tönyaq qotıp

kutub selatan / Könyaq qotıp

Antarktika / Antarktika

bumi / Cir

  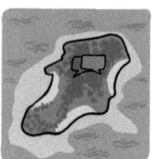

tanah / qorı cir

laut / diñgez

pulau / utraw

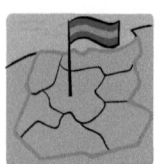 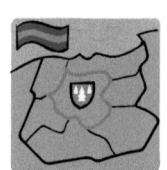

bangsa / millət

negara / dəwlət

jam
səğət

jam wajah
səğət bite

jarum pendek
səğət uğı

jarum menit
minut uğı

jarum detik
sekund uğı

Jam berapa?
Səğət niçə?

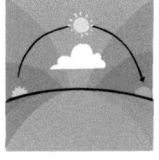

hari
kön

waktu
waqıt

sekarang
xəzer

jam digital
dijital səğət

menit
minut

jam
səğət

minggu
atna

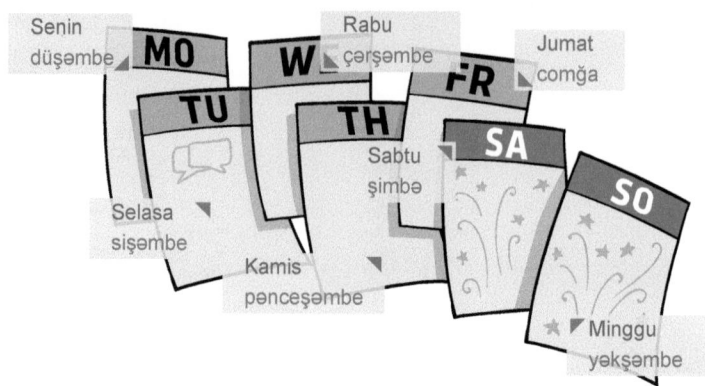

kemaren
kiçə

hari ini
bügen

besok
irtəgə

pagi
irtə

siang
töş

malam
kiç

hari kerja
eş könnəre

akhir minggu
yal könnəre

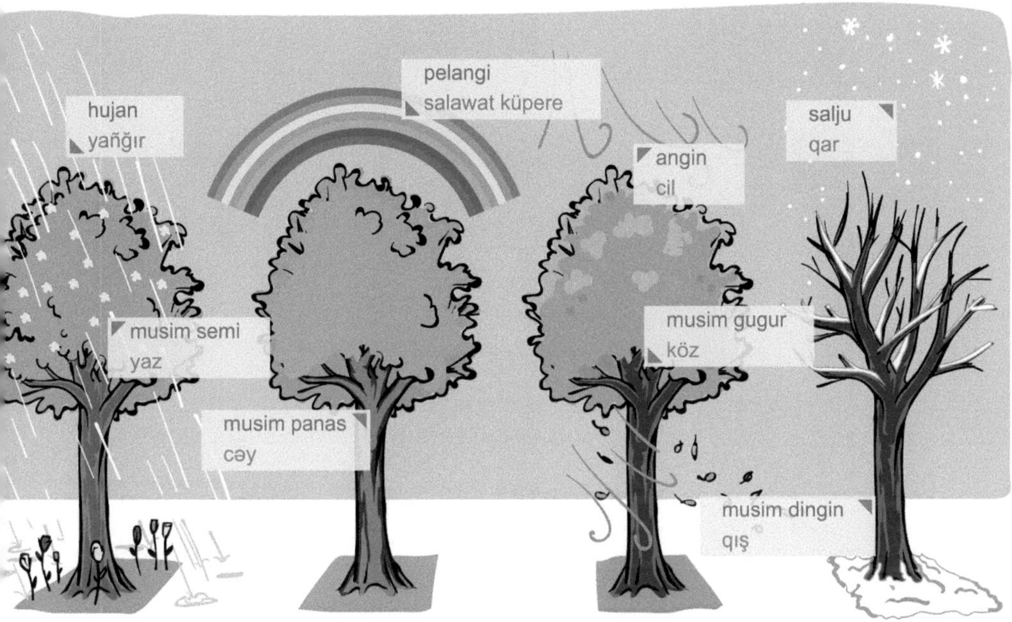

tahun
yıl

hujan / yañğır

pelangi / salawat küpere

salju / qar

angin / cil

musim semi / yaz

musim panas / cəy

musim gugur / köz

musim dingin / qış

ramalan cuaca
hawa torışı

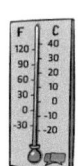

termometer
termometr

matahari
qoyaş yaqtısı

awan
bolıt

kabut
toman

kelembahan
dımlılıq

kilat
yəşen

guntur
kük kükrəw

badai
dawıl

hujan es
boz

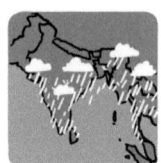

monsun
musson

banjir
su basu

es
boz

Januari
Qırlaç

Februari
Aqman

Maret
Buşay

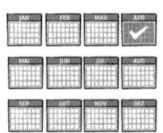

April
Yañarış

Mei
Saban

Juni
Çereşmə

Juli
Peçən

Agustus
Uraq

tahun - yıl

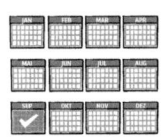
September
Indır

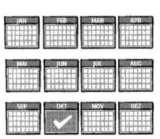
Oktober
Bilek

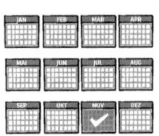
November
Qaraköz

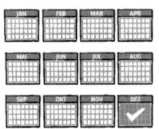
Desember
Kerəw

bentuk
şəkellər

lingkaran
tügərək

persegi
dürtkel

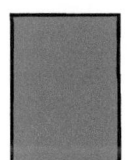
persegi panjang
turıpoçmaq

segi tiga
öçpoçmaq

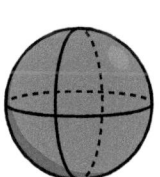
bola
körrə

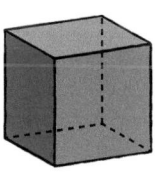
kubus
kub

bentuk - şəkellər

warna-warna
töslər

putih
aq

kuning
sarı

oranye
qızğılt sarı

pink
al

merah
qızıl

ungu
şəməxə

biru
zəngər

hijau
yəşel

coklat
körən

abu-abu
sorı

hitam
qara

berlawanan
qapma-qarşılıqlar

banyak / sedikit
küp / az

marah / tenang
usal / tınıç

cantik / jelek
matur / yəmsez

mulaih / selesai
baş / axır

besar / kecil
zur / keçkenə

terang / gelap
yaqtı / qarañğı

audara laki-laki / saudara perempuan
abıy, ene / apa, señel

bersih / kotor
taza / pıçraq

lengkap / tidak lengkap
təmam / təmamlanmağan

hari / malam
kön / tön

mati / hidup
üle / tere

luas / sempit
kiñ / tar

dapat dimakan / tidak dapat dimakan
aşarğa yaraqlı / aşarğa yaraqsız

jahat / baik
yaman / yaxşı

bersemangat / bosan
dulqınlanğan / yalıqqan

gemuk / kurus
yuan / yabıq

pertama / terakhir
berençe / soňğı

teman / musuh
dus / doşman

penuh / kosong
tulı / buş

keras / lembut
qatı / yomşaq

berat / enteng
awır / ciñel

lapar / haus
açlıq / susaw

sakit / sehat
awıru / sələmət

ilegal / legal
qanunsız / qanunlı

cerdas / bodoh
aqıllı / aqılsız

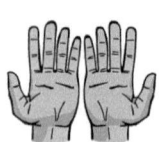

kiri / kanan
sul / uñ

dekat / jauh
yaqın / yıraq

berlawanan - qapma-qarşılıqlar

baru / bekas
yaña / qullanılğan

tidak ada apapun / sesuatu
hiçnərsə / nərsəder

tua / muda
ölkən / yəş

nyala / mati
bızdırılğan / sünderelgən

buka / tutup
açıq / yabıq

tenang / keras
tawışsız / göreltele

kaya / miskin
bay / yarlı

benar / salah
döres / yalğış

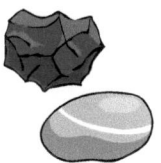
kasar / halus
qıtırşı / şoma

sedih / gembira
küñelsez / küñelle

pendek / panjang
qısqa / ozın

pelan-pelan / cepat
aqrın / tiz

basah / kering
dımlı / qorı

hangat / sejuk
cılı / salqın

perang / damai
suğış / tınıçlıq

berlawanan - qapma-qarşılıqlar

angka-angka
sannar

0
nol
sıfır

1
satu
ber

2
dua
ike

3
tiga
öç

4
empat
dürt

5
lima
biş

6
enam
altı

7
tujuh
cide

8
delapan
sigez

9
sembilan
tuğız

10
sepuluh
un

11
sebelas
unber

12 duabelas / unike

13 tigabelas / unöç

14 empatbelas / undürt

15 limabelas / unbiş

16 enambelas / unaltı

17 tujuhbelas / uncide

18 delapanbelas / unsigez

19 sembilanbelas / untuğız

20 duapuluh / yegerme

100 seratus / yöz

1.000 seribu / meñ

1.000.000 juta / million

angka-angka - sannar

bahasa-bahasa
tellər

Inggris

inglizçə

bahasa Inggris Amerika

Amerika inglizçəse

bahasa Cina Mandarin

Mandarin qıtayçası

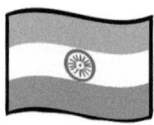

bahasa Hindi

hindi

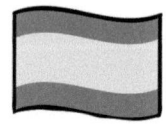

bahasa Spanyol

İspança

bahasa Perancis

Fransızça

bahasa Arab

Ğərəpçə

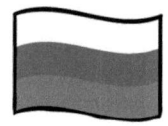

bahasa Rusia

Rusça

bahasa Portugis

Portugalça

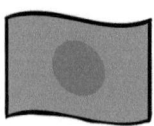

bahasa Bengal

Bengali

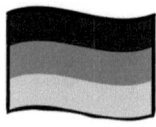

bahasa Jerman

Almança

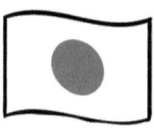

bahasa Jepang

Yaponça

siapa / apa / begaimana
kem / nərsə / niçek

saya — kamu — dia
min — sin — ul / ul / ul

kita — kalian — mereka
bez — sez — alar

siapa? — apa? — begaimana?
kem? — nərsə? — niçek?

dimana? — kapan? — nama
qayda? — qayçan? — isem

dimana
qayda

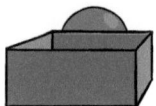

dibelakang
arrta

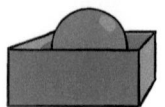

di
eçendə

didepan
aldında

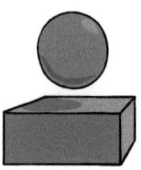

diatas
östendə

diatas
östendə

dibawah
astında

sebelah
yanında

di antara
arasında

tempat
urın